PALAVRA SÃ

Zé Arnaldo Guimarães

"Ao verme que seria o primeiro a roer as minhas entranhas,
minhas desculpas: sobrevivi!"

Ambiciono que o idioma em que eu te falo
Possam todas as línguas declíná-lo
Possam todos os homens compreendê-lo.
(Augusto dos Anjos)

"Preciso despir-me do que aprendi. Desencaixotar minhas emoções verdadeiras. Desembrulhar-me e ser eu! Uma aprendizagem de desaprendizagem..."
(Alberto Caeiro)

APRESENTAÇÃO

Zé Arnaldo Guimarães é poeta bissexto, nem por isso menos brilhante em sua arte de pôr "palavras num cercado". Seus poemas têm o viço da melhor lírica brasileira e nos brindam, aos que gostamos, com poesia de boa cepa, que proporcionam aos leitores ávidos de boa poesia momentosdeliciosos de reencontro com a palavra escrita.

I
PROCURA-SE UM VERSO

Um verso bom, todo prosa,
Escorreu pelos meus dedos.
Sem avistar pruma glosa
Rima rica pros seus medos.

Foi parar na tela em branco;
E em pouco virou problema:
Deslocado, meio manco,
Tentava embarcar num poema

Na falta de outros versos
Com que pudesse compor,
De sentimentos pregressos
Um soneto de amor.

Sumiu como um cataclismo:
Travou a tela e o PC;
Jogou-se no fundo do abismo
Bem profundo do HD.

Até suspeito de onde
Esse versinho ordinário
Como um byte se esconde
Atrás de um arquivo binário.

Assim são todos os versos
Até que sejam escritos:

Andam nas sombras, dispersos,
Perplexos, lesos, malditos.

Mas se a uma pena se cose
Trsiteza, dor ou agonia
O verso vira uma dose
Do remédio que é a poesia.

II
SONETO PRÉ-OPERATÓRIO (HEMOGRAMA COMPLETO)

De súbito, senti que minha alma ia
Severamente ao céu e ia o corpo ao óbito!

Sem forças já por causa de grande anemia
Que me empalidecia o rosto e os hematócritos.

Mal me aguentava só em pé - não são falácias! –
Dormia sem querer de pronto a cada esquina!
Sem perceber que se desfaziam as hemácias
E fugia o ferro à hemoglobina.

A cada novo exame aumentava o drama
Ficava ainda pior a cada hemograma
E nada de alguém para estancar os danos.

Mas para descobrir qual era mesmo a gangue
Que andava à espreita, à noite a me roubar o sangue
Restava ao doutor olhar-me pelo ânus.

III

SEIVA BRUTA

Que é o ser humano sem a seiva rica
Que lhe percorre o corpo todo inefável

E a todo canto e entranha a vida comunica,
Vigor e força leva a tudo incansável?

Sem água, o chão resseca, empedra e à flor cancela,
A vida perde a luta, foge e deixa a terra
(motor sem combustível, nau sem vento e vela)
O corpo seco aos poucos perde o gás e emperra.

Desidratados, frágeis, agonizam os rios,
Encalham, inertes, impotentes os navios –
E ao redor espalham-se sinais da cruz

Assim é o pobre corpo sem sangue: sem tinta.
É ele o artista que com a cor da vida pinta
E ao homem são e forte cobre com a sua luz

IV
DANÇA DE SALÃO

A moça gira ao redor do par
Que a conduz por espaços vazios,
Como um artista a manipular

Marionete, mas só que sem fios.

Andam e param e, sem combinar,
Ela se joga e ele a segura;
Flanam por sobre o assoalho, no ar,
Atados, firmes, em harmonia pura.

Conforme a música, o par se desfaz.
Órfãos, procuram reatar o nó;
Ela se atira e fatal rodopia.

Ele a absorve e a toma por trás;
Ela se encolhe e os dois tornam-se um só
Corpo inerte ao fim da melodia.

V
SONETO DA ETERNIDADE

Tenha certeza de que a amo muito
E sempre e tanto e com total afinco,
Mesmo às vezes, quando eu só brinco

Fique-lhe claro que não sou fortuito.

Quero vivê-la e tê-la e ser-lhe tudo
Agora e sempre, até que o corpo suma;
Unir então minh'alma à sua em uma
Mesmo depois que o tempo fique mudo.

O seu amor, motivo do meu canto,
Tem o poder de estancar o sangue
E me socorre quando a alma aderna.

Por ele caio, mas logo levanto;
Sinto-me forte, embora quase exangue:
É o elixir que me dá vida eterna.

VI
SORTE OU AZAR?

Serão sorte e azar, para quem vive,
As faces de uma única moeda;
Duas mãos para quem vai nesta alameda

Ao céu ou ao inferno num declive?

Serão de fato joias do acaso,
Ou frutos cultivados dia a dia?
Serão flores então do mesmo vaso
Em que se plantam dor e alegria?

Malvada, a sorte finge-se e disfarça
O mal do azar, que é o seu comparsa
Seduz-nos com seu canto de sereia

Seguimos cegos os sons de sua lira
Dá-nos migalhas do que o azar nos tira
E o confundimos com a mais farta ceia.

VII
PASSATEMPO

O tempo, de todos, é rei e senhor,
Pois manda e desmanda, costura e destrói;
De um faz refém; de um outro, herói.

É lépido ou lento pro gozo ou pra dor.

Manipula os fios do nosso destino
E tece sua teia sem que se o veja;
Se dorme de velho na mais velha igreja,
Não para um segundo na festa: um menino.

Se passa, envelhece, amortece, se para.
Ninguém sabe ao certo como é sua cara,
A quem obedece esse deus que é o tempo?

O que o acelera? pergunta o doente.
Mas nada o segura, sabe toda a gente;
Só que é viver o melhor passatempo.

VIII
METAESCRITA

O escrever é como se masturbar;
Imaginar aquilo que não se tem;

Voar bem alto, ou ir mais fundo no mar
E alcançar só com palavras o bem.

É ver bem longe daqui do meu lugar,
Sentir-se junto mesmo se estiver só;
Saber da cura e lá podê-la buscar,
Talvez morrer, mas refazer-se do pó.

Estar aqui e ter a eternidade;
Viver, porém sem planejar a maldade,
Pisar a terra e dela tocar os céus.

O escrever com ler até se parece.
Quem faz das duas uma, conforme em prece,
Conhece bem o infinito e Deus.

IX
SEGREDO

Oh! Flor do céu! Oh! Flor cândida e pura!
És a razão final de toda vida!
Não há maior riqueza escondida,
Nem da maior doença a própria cura.

Quer-te o homem mais que à existência;
Buscam saber os sábios e alquimistas
Como a mulher se esconde às nossas vistas,
Engana credos, bruxos e ciência.

Preciso amar é para entendê-la.
Dissimulado, o veio feminino
Se mostra só para o audaz menino;

Naquela hora em que se vê estrela
Quando se veste enfim a vil mortalha:
Perde-se a vida, ganha-se a batalha!

X
RETRATO

A língua me fotografa.
Revela com sua tinta
Minha alma feita em palavra;
Aquilo que sinto pinta.

Eu sou o que vira frase,
O tanto que sai na língua,
Escapa e ao mundo dá-se;

O resto aqui dentro míngua.

Desenho em palavra escrita
Um mapa, torto caminho,
Para que (Deus não permita!)
Não morra eu aqui sozinho.

O verso me denuncia,
A todos diz ao que vim,
Só sobrevive em poesia
O que escapa de mim

XI
ALCOVA ETERNA

O que é a morte enfim: é fim ou recomeço?
É ponte? É passo? É salto? É voo? É tudo ou nada?
É precipício? É céu? É cais? Beco ou estrada?
Será que é nada mais que vida pelo avesso?

Quem é essa mulher que espreita e se insinua;
Atrai se é dos outros fugaz namorada,

Em quem ninguém resiste a dar uma espiada
Quando se oferece fácil, quase nua?

Libidinosa, lúbrica, insaciável,
Se leva à alcova eterna um, quer outro amante,
Por isso fogem dela como o diabo à cruz.

A não ser quando isso se torna inevitável.
Deitar-se-ão com ela em leito inebriante
Todos. Pra sempre enfim quando ela apaga a luz.

XII
GAVETA

Enquanto espreme-se para sair
De lá do fundo um sentimento impresso,
Cava o poeta para exprimir
A lava interna que jorra no verso.

Os sentimentos movem-se na entranha
Prestes a entrar de um salto em ebulição;
E a palavra, essa via estranha,
Deve guiá-los à libertação.

Nem sempre chega ao papel bem quente
Como no interior incandescia

O sentimento - vício do poeta;

O que lhe sobra de calor se sente
Na cinza morna que a palavra fria
Embrulha e guarda dentro da gaveta.

XIII
'SE SE MORRE DE AMOR..."

Amor é feito friaça
Que adoece um bem coitado:
Dói muito depois que passa
Faz presente o passado.

Doença estranha o amor:
Que não maltrata na hora.
O pior sintoma, a dor,
Só surge depois da cura.

Amor contamina a gente
No ar, na rua, num gesto.
Quem pega fica doente
Escravo sob cabresto.

Aquele que o mal empreste
Nem sempre é do mal tomado;
Não vê o que faz a peste
Ao pobre ali do seu lado.

Amor é faca afiada
Que a alma bem fundo corta,
De que a pessoa amada
Só se livra quando morta.

Amor é fogo e é frio;
É vida, mas lembra morte.
É mar que corre pro rio
Fraqueza que vence um forte.

XIV

TORCER PELO BOTAFOGO

Tarefa das mais árduas a que tenho,
Igual em força às do Heleno Herói;
Fustiga, açoita, insulta, arranha e dói
Como se no ombro houvesse o Santo Lenho.

Viver assim é como estar no inferno
Ou navegar num mar de desventuras;
Amar e derramar-se em mil juras
E ter de volta só desprezo eterno.

Assim é o amor que me definha
Após o fim de cada uma rodada:
Mais um fracasso no final do jogo.

Pior é que a tristeza que eu tinha
Um dia após já está cicatrizada
E eu torno a amar mais forte o Botafogo.XV

XV

SOBRE O TEMPO

O tempo imagina e molda pessoas.
Artista volúvel, inconformado,

Faz oscilar entre certo e errado:
Conforme a hora são más ou são boas.

Na obra em processo, o autor distraído,
Dá seus retoques, às vezes cruéis;
Com o relógio, vai ele esculpindo
Os seus ponteiros são como cinzéis.

Assim, é que é feita a sua vontade
Da qual não se escapa em qualquer idade
Um deus que adoramos crentes, fiéis.

Vida e morte produz num minuto
Sem revelar-se, na sombra, astuto,
Nos manipula com os seus cordéis.

XVI

REBANHO

(A Alberto Caeiro)

Escrever é pôr palavras
Em rebanho num cercado;
Ler, então, é libertá-las,
Dar-lhes significado.

Lugar de guardar palavras -
É um latifúndio o livro;
Pastam dolentes às favas,
Os vocábulos mortos-vivos.

Palavras, em cemitério -
Nas folhas - arfam sem ar ;
As almas vagam no etéreo,
Aguardam a volta ao lar.

Ler é soprar-lhes sentidos,
Aos morfemas, dar à luz.
Enfeitá-los e vesti-los,
Pois aos versos chegam nus.

XVII
MADRUGADA FRIA

"All that we see or seem
Is but a dream within a dream"
(Edgard Allan Poe - A Dream within a Dream)

A lua seminova como guia
Clareava meu caminho lá do alto;
Atrás, a sombra – muda! – me seguia
Rasteando-se submissa no asfalto.

Para espantar o medo e o vento frio,
Cerrei em volta os braços por muralha
Do corpo. Que ambos davam-me arrepio
E me cortavam a alma qual navalha.

Sentia-me a mercê de algum mal súbito
Perigo aos que desafiam a madrugada
Que engana e esconde em sombra o ferro em brasa.

Já me via estirado em decúbito
Antes que se encerrasse essa jornada
E entrasse são e salvo em minha casa

XVIII
ANTÍFONA DE AMOR

Desde quando a encontrei
Minha alma se acendeu
Levo uma vida de rei
Sem medos como um ateu

Nada mais eu penso ou faço
Só desejo o seu abraço
O meu coração no seu

Desde assim que nós nos vimos
Firmamos a parceria
Floriram nossos caminhos
O ritmo e a melodia

Nada mais a Deus eu rogo
A não ser que seja logo
Que eu esteja no seu dia

Assim que meus olhos pus
Nos seus, feito um rei mago
Senti-me diante da luz
Que apaga as dores que eu trago
Pois nada mais eu desejo
Além de morrer num beijo
E num turbilhão de afago

E sempre que não a vejo

A vida se me escurece
Me perco em sonho e desejo
Seu nome repito em prece

Você é só o que suplico
Fortuna que me faz rico
Desse amor que me entorpece

Sempre que estou ao seu lado
O mundo é como uma tela
O peito sofre calado
A vida fica mais bela

Com você me sinto forte
Nem tenho tempo pra morte
Nada me fará perdê-la

XIX
BARCAROLA

Ando perdido demais

Vivo escondido de mim
Vago nas beiras do cais
À deriva, infeliz
Barco sem paz

Sigo, a procura sem fim
Parto, mal chego, outra vez
Solto-me ao mar, sempre assim
Sem retorno, sem nós
Nau carmesim

Parto sem remos, a sós
Guia-me mau capitão
Voa sem rumo, albatroz,
Bardo louco sem voz
Meu coração

Ah, se eu pudesse encontrar
Uma beira de rio
Pra poder aportar
O meu barco vadio

Ah, se eu pudesse baixar
Minhas velas livrar
Desse vento ruim

Mas ando perdido demais

Parto, mal chego, outra vez
Vago nas beiras do cais
Sem retorno sem nós
Nau carmesim
Barco sem paz
Meu coração.

XX
INJUSTIÇA

Terreno fértil às injustiças é
O futebol. Nele a falta de sorte
Põe a perder num lance a glória e até
Leva à loucura, ao desespero, à morte.

Não basta ser um time o melhor:
Há que se ter fortuna e alguma ajuda
Divina, excelsa, extracampo, ou só
Um bandeirinha que sozinho muda

De um campeonato todo o resultado,
Ao não seguir a lei do impedimento,
Ou dar um pênalti que inexistiu.

Resta a quem perde a dor de ser lesado
Como eu confesso e grito: não aguento!
Vá, seu juiz, pra puta-que-o-pariu!

XXI
SEU SORRISO

Meu amor quando sorri
Muda o humor da cidade
Espalha aqui e ali
Um ar de felicidade
Seu sorriso é como a lua
Tem influência em tudo
Vem e ilumina a rua
Até o ser mais sisudo

Seu sorriso é de criança
Quando ouve os meus chistes
Revela a sua esperança
Mesmo nos dias mais tristes
É expressão de amor
De carinho e simpatia
E alivia a minha dor
Tira-me a melancolia

Seu sorriso é espontâneo
Não escolhe dia ou hora
E resplandece instantâneo
Como o sol nasce com a aurora
Seu sorriso é como a luz
Que a escuridão descobre
É farol que me conduz
Por um caminho mais nobre

XXII
COTURNOS

Pés semeavam na terra uns frutos difusos,
Enquanto sobre a esperança marchavam coturnos.
Braços alados moldavam o horizonte à frente,
Mas abatiam ideias cruéis cassetetes.

Peitos enchiam o ar de vontades, mas surdos,
Que os mil brados morriam ao bater nos escudos.
Mentes sonhavam um dia melhor, insolentes;
Velhas ideias, porém, enchem os capacetes.

Contra as costas, borracha;
Contra ideias, o gás.

Contra as palavras, mordaça
Não-violência desfaz.

Para os cavalos, as flores,
Para o inimigo, a paz,
Grito daqui, contra os muros,
Versos são o meu cartaz.

XXIII
MEUS OLHOS

Os meus olhos te engolem
E te falam mais que a fala
Tenho olhos tagarelas
E os lábios de bengala

Os meus olhos te abraçam
E te pegam descarados
Tenho olhos que são braços
E os meus braços vendados

Os meus olhos te perseguem
Te alcançam a mil léguas
Tenho olhos corredores
Mas as pernas estão cegas

O meu jeito mentiroso
Não esconde os meus fracassos
Pois meus olhos são sinceros
Mostram a alma em pedaços

XXIV
MELHORES AMIGOS

Eu tenho muitos melhores amigos;
Tenho os melhores amigos do mundo.
E, no entanto, como castigo,
Sou dos piores amigos em tudo.

Não mando flores nem cartas,
Nem retribuo presentes;
Não lembro nomes nem datas,
Ajo como quem nada sente.

Eu tenho muitos melhores amigos,

Joias pras quais não há preço;
Todos pra mim são abrigos
Que guardam o que eu esqueço.

Pedaços de despedida,
Com cada um, um roteiro;
Nos filmes da minha vida,
Eu nunca acabo inteiro.

XXV
MARÍLIA ME FODEU

Eu, Marília, não sou um motorista
Que viva de guiar alheio carro;
Tenho próprio apê com bela vista
E uma janela da qual sempre escarro.

Dá-me casa-comida meu trabalho
E as calças jeans de que me visto;
Nem à novela das sete hoje eu assisto:
Ralo o dia inteiro pra caralho.

Graças, Marília bela
Graças à minha estrela.

Eu me vi outro dia no banheiro,
E reconheço que estou acabado.
Os meus vizinhos reclamam do mau cheiro
Que exala livre do meu conjugado.

Só pode ser eu acho do cachorro
Que racha um pouco da ração comigo
Por ser talvez o meu último amigo
Que acode e sempre vem em meu socorro.

Graças, Marília bela
Graças à minha estrela.

Já escrevi versos, letras e poemas,
Mas nada do que fiz foi para o prelo.
Meus sonhos se transformam em problemas
Porque o que faço só eu acho belo.

Amei à beça, sem correspondência
E desprezava a quem me queria;
Amar é fogo, quase uma ciência:
Mais fácil acertar na loteria.

Graças, Marília bela
Graças à minha estrela.

Por isso, minha tão bela Marília,
Ouça com atenção o que proponho:

Casa comigo, formemos família,
Pra dar à vida uma feição de sonho.

Veja lá adiante o que faz a cadela
A amamentar zelosa o seu filhote.
Quero que faça assim igual a ela
Quando algum dos nossos der-lhe o bote.

Graças, Marília bela
Graças à minha estrela.

Já que não queres, ó Marília bela,
Somar à minha pra sempre a alma,
Resta-me a morte, pois não posso tê-la
Para onde parto, sem perder a calma

Embrulho ou rasgo sonhos, sentimentos,
E vou aos poucos dando adeus à vida
Só meu cão vela os últimos momentos
Antes que venha a hora da partida.

XXVI
NÁUFRAGO

A poesia é livre como um náufrago numa ilha deserta.

Pode fazer tudo o que quiser, mas não tem a quem contar.

Se alguém não chega à ilha, o poema, para ouvir o que ele tem a dizer

Lá ficará para sempre, preso à sua liberdade eterna.

A poesia é um condenado que já cumpriu sua sentença, mas não deixa sua cela por não ter quem vá buscá-lo.

Podem prendê-lo em cárceres estéticos,

Amarrá-lo em correntes formais,

Exilá-lo em torres de marfim;

Nem assim o verso deixa de ser livre,

Porque ele escorre por entre as grades do poema

Quando alguém o lê. Dele se solta e sobe ao limbo

Onde a alma do leitor e a poesia encontram-se

Ambos libertos de seus calabouços, cárceres, celas – o corpo e o poema.

A poesia é o encontro de duas almas – a do poeta e a do leitor – sem que os dois saibam desse encontro.

A poesia é um pássaro, uma flor, um barco à vela; o poema, o céu, o jardim, o mar.

ABOUT THE AUTHOR

Zé Arnaldo Guimarães

Zé Arnaldo é professor de Língua portuguesa, literatura e redação. É também compositor, com mais de quarenta músicas gravadas. Gravou dois discos - físicos e virtuais - Bem Feito, em 1999, e Aviso à praça, de 2011. Escreveu o livro didático "Formação da Língua Portuguesa", publicado pela SESES Editora, em 2013, "Pequeno Dicionário do Futebolês", de 2014, pela Editora MULTIFOCO, e "A gíria na Linguagem do Samba", pela Novas Edições Acadêmicas, em 2016.

www.ingramcontent.com/pod-product-compliance
Lightning Source LLC
LaVergne TN
LVHW020534160826
845677LV00015B/4054

* 9 7 9 8 4 7 2 1 8 0 8 4 9 *